Superar
la ansiedad
y el pánico

LINDA MANASSEE BUELL

Superar
la ansiedad
y el pánico

121 consejos
aplicables a la vida real

Prólogo de Brenda K. Wiederhold

EDICIONES OBELISCO

Si este libro le ha interesado y desea que le mantengamos informado de nuestras publicaciones, escríbanos indicándonos qué temas son de su interés (Astrología, Autoayuda, Ciencias Ocultas, Artes Marciales, Naturismo, Espiritualidad, Tradición) y gustosamente le complaceremos.

Puede consultar nuestro catálogo en: www.edicionesobelisco.com

Colección Autoayuda
SUPERAR LA ANSIEDAD Y EL PÁNICO
Linda Manassee Buell

1.ª edición: abril de 2005

Título original: *Panic and Anxiety Disorder*

Traducción: *Roger Vilardaga*
Maquetación: *Olga Llop*
Diseño de cubierta: *Enric Iborra*

© 2003 by Simplify Life, Linda Manassee Buell
(Reservados todos los derechos)
© 2005 by Ediciones Obelisco, S.L.
(Reservados todos los derechos para la presente edición)

Edita: Ediciones Obelisco, S.L.
Pere IV, 78 (Edif. Pedro IV) 3.ª planta 5.ª puerta
08005 Barcelona - España
Tel. (93) 309 85 25 – Fax (93) 309 85 23
E-mail: obelisco@edicionesobelisco.com

ISBN: 84-9777-175-3
Depósito Legal: B- 4.828-2005

Printed in Spain

Impreso en España en los talleres gráficos de Romanyà/Valls, S.A.
Verdaguer, 1 – 08076 Capellades (Barcelona)

Nota de la autora

Los contenidos de este libro son únicamente las opiniones de Simplify Life junto con Linda Manassee Buell, y no deberían ser consideradas como una modalidad de terapia o como substitutos del diagnóstico médico de las enfermedades mentales. El diagnóstico de una enfermedad mental sólo puede ser realizado mediante la evaluación clínica de un profesional de la salud, y en el caso de que se necesite una psicoterapia o una evaluación médica, debería acudirse a un profesional competente. Ni el autor ni la editorial garantizan el resultado de los usos que se puedan desprender de este material.

Una parte de las ganancias de este libro serán donadas a organizaciones que se dedican a investigar sobre los ataques de pánico y educar acerca de ellos.

Prólogo

M e alegra que Linda Manassee Buell haya decidido escribir este libro, *Superar la ansiedad y el pánico. 121 consejos aplicables a la vida real,* permitiendo así que el público en general se beneficie de las reflexiones y el conocimiento que ella ha adquirido sobre los trastornos de pánico y la agorafobia durante los últimos diez años. Ha sintetizado años de investigación sobre la materia, autorreflexión y un gran entendimiento fruto de la psicoterapia en un formato de autoayuda para aquellos que desean tener una participación más activa en su propia recuperación.

El National Institute of Mental Health (Instituto Norteamericano de la Salud Mental) estima que el trastorno de pánico afecta anualmente a más personas que la epilepsia, el virus VIH o los ataques cardíacos. Los trastornos de ansiedad afectan a 23 millones de norteamericanos y producen un coste de 46,6 billones de dólares anuales en tratamientos, además de reducir la calidad de vida de las personas. Tal como está indicado en el *Manual diagnóstico y estadístico de los trastornos mentales (cuarta edición),* la prevalencia en el curso de la vida del trastorno de pánico (con o sin agorafobia) oscila entre el 1,5% y el 3,5%. En muestras comunitarias, padecen agorafobia entre un tercio y la mitad de aquellos que padecen trastorno de pánico.

Tanto el tratamiento del trastorno de pánico como el tratamiento del trastorno de pánico con agorafobia requieren medicación, terapia cognitivo-conductual o una combinación de ambas. Las terapias cognitivo-conductuales pueden incluir relajación, reducción de la respiración con o sin *biofeedback* (monitorización fisiológica del ritmo cardíaco, respiratorio y la sudoración), terapia de exposición y reestructuración cognitiva. Las terapias de exposición pueden incluir a su vez exposición sistemática mediante visualización (en imaginación), en la vida real (en vivo), o mediante realidad virtual (simulaciones en tres dimensiones).

A lo largo de mi carrera como psicóloga clínica especializada en el tratamiento de las fobias y el pánico, he podido constatar el sufrimiento de los pacientes que padecen este olvidado trastorno. Debido a que la apariencia externa de estos pacientes no indica que exista ningún problema psicológico, la sociedad acostumbra a minusvalorar las batallas que tienen que librar diariamente. Formar parte de su recuperación y ayudarlos a obtener de nuevo el control sobre sus vidas, es una experiencia muy valiosa. La primera vez que empecé a tratar las fobias y el pánico, las técnicas de exposición se limitaban a la exposición en vivo (en la vida cotidiana) o a la exposición imaginal (visualización), y consumían una gran cantidad de tiempo a la vez que eran muy costosas para los individuos.

En la actualidad, con la tecnología de la realidad virtual e Internet, se puede ayudar a mayor cantidad de personas desde la privacidad y la confidencialidad de sus casas o desde la consulta del terapeuta.

Impartir el mensaje de que «no estás solo» y de que «el trastorno es curable» proporciona una gran energía a aquellos que durante muchos años no fueron comprendidos por la sociedad o por sus propias familias. Empezar a entender el trastorno puede ser el primer paso de cara a la recuperación. *Superar la ansiedad y el pánico. 121 consejos aplicables a la vida real,* es una sucinta guía que ofrece ayuda a aquellos que han decidido involucrarse más en su propia curación. Este libro refleja el largo y a veces difícil camino de la autora, cuya dedicación, profundidad, energía creativa y entusiasmo a la hora de ayudar a los demás ofrece un preciado regalo a sus compañeros de viaje y a las personas de soporte.

Brenda K. Wierderhold

La Dra. Brenda Wiederhold es licenciada en Psicología Clínica e hizo un doctorado en Psicología Clínica y de la Salud. Realizó también un máster en Administración de Empresas, y posee diez años de experiencia como jefa de finanzas de una firma inversora, además de ser inspector fiscal del gobierno americano.

En la actualidad trabaja como directora ejecutiva del The Virtual Reality Medical Center (VRMC), una corporación médica profesional de San Diego (California), y es jefa ejecutiva del Interactive Media Institute, una organización no lucrativa dedicada a innovar la aplicación de nuevas tecnologías para el cuidado de los pacientes. El VRMC trata el miedo a volar, el miedo a conducir, la claustrofobia, el trastorno de pánico, la agorafobia, la fobia social, el miedo a las alturas, el miedo a hablar en público y los trastornos de alimentación mediante programas fáciles de comprender que utilizan una combinación de técnicas cognitivo-conductuales, terapia de exposición a la realidad virtual y *biofeedback*. El VRMC también mantiene un programa de medicina conductual para tratar trastornos relacionados con el estrés tales como el dolor de cabeza y el dolor crónico, utilizando psicoeducación y biofeedback.

La Dra. Wiederhold también es jefa ejecutiva de VRHealth, una compañía internacional con oficinas en San Diego y Milán (Italia). VRHealth desarrolla protocolos clínicos y situaciones virtuales, además de dirigir estudios de investigación clínica utilizando situaciones virtuales e Internet. Actualmente está completando su tercer libro y tiene más de 50 publicaciones. Se puede contactar con la Dra. Wiederhold en el Centro Médico de Realidad Virtual, 6160 Cornerstone Court East, Suite 155, San Diego, CA 92121 o enviando un correo electrónico a bwiederhold@vrphobia.com o visitando www.vrphobia.com.

Introducción

Hola, me llamo Linda Manassee Buell y tengo un trastorno de pánico con agorafobia. Recuerdo cuando en el año 1994 pronuncié por primera vez estas palabras en alto. Fue durante una sesión de terapia de grupo. No sé si por aquel entonces, las lágrimas que brotaban de mis ojos eran debidas al alivio de saber que lo que me pasaba tenía un nombre, o bien al desánimo de saber que padecía una enfermedad misteriosa, debilitadora y llena de exigencias. Y hoy no sé si es felicidad o tristeza lo que provoca lágrimas en mis ojos. Sin embargo, sé con seguridad que hay esperanza.

Mi primer ataque de pánico importante ocurrió durante el verano de 1992, mientras viajaba en aeroplano a Los Ángeles, California, donde tenía programado asistir a un importante encuentro de negocios. Después de este atemorizante primer ataque, y de numerosos ataques adicionales como consecuencia del primero, pasé el siguiente año y medio buscando una explicación a lo que me había sucedido. Empecé con tres viajes a urgencias y un ejército de médicos y, finalmente, cuando los médicos me dijeron que no encontraban ningún signo de enfermedad, pasé a un terapeuta. Trabajé con el terapeuta durante un año antes de que me dijera que tenía un trastorno de pánico con agorafobia. Y de ahí hasta la actualidad. Ahora ya han pasado tres ciudades y cinco terapeutas, lo que me hace sentir a un millón de kilómetros de distancia de mi primera búsqueda de respuestas. He aprendido a desembarazarme de la agorafobia y a vivir con el trastorno de pánico, pero en este viaje he tenido sensaciones y emociones de gran intensidad. Por eso creo que lo que he descubierto puede ser de ayuda para ti.

Es importante que sepas que no soy terapeuta. Soy simplemente una de esos millones de personas que tienen este trastorno. Se estima que 23 millones de personas sufren en solitario de un trastorno de ansiedad y que síntomas parecidos a los del ataque de pánico se dan en diferentes países alrededor del mundo.

El cambio siempre es algo que empieza por uno mismo: cuando aprendemos acerca de nuestro trastorno, podemos entonces enseñar y educar a los demás; cuando abrazamos y aceptamos el trastorno, nuestros familiares se muestran más comprensivos con lo que realmente nos pasa; cuando decidimos dar pasos que nos ayuden a vivir con el trastorno, los demás también dan pasos para ayudarnos a vivir mejor con él y, finalmente, cuando decidimos que no hay ningún estigma asociado a este trastorno, entonces tal vez los demás olviden sus prejuicios sobre él.

Admito que a lo largo de los años he buscado una píldora mágica con la esperanza de que alejara de mí el problema. Sin embargo, actualmente veo el trastorno como un problema energético, en el cual la energía «fuera de control» del pánico, es parte de la misma energía que existía en mi cuerpo antes del primer ataque. Esta energía me permite tener la habilidad y las herramientas para redirigirla de una forma sana y productiva, y una de mis decisiones ha sido utilizarla para ayudarme a mí misma y los demás.

He escrito este libro porque me molesta la falta de comprensión que tuvimos los que hemos sufrido este trastorno y por la incomprensión de aquellos que no lo padecen. Me frustra también el importante vacío informativo que existe para los que lo sufren. Me desespera cuando se da el caso de que el único profesional cualificado se encuentra a muchos kilómetros o en otras ciudades y de que no hay manera de llegar allí para recibir ayuda. Estoy cansada de amigos y familiares que piensan que puedo curarme de esta condición sencillamente con «animarme», y me entristece cuando pienso en toda aquella gente que está intentando vivir con el trastorno de pánico (tanto aquellos que conocen su diagnóstico como los que no lo conocen todavía) y que intentan esconder o enmascarar su situación desesperadamente.

Si tienes algún tipo de trastorno de ansiedad, con o sin fobia, por favor, que sepas que no estás solo, ni hundido, y que no tienes necesidad de estar en apuros. Me gustaría que supieras que eres un ser humano hermoso y maravilloso, y que tanto hoy como todos los días puedes llegar a vivir una magnífica vida. Si no sufres ningún tipo de trastorno o fobia y a pesar de eso todavía estás leyendo este libro, gracias por dedicarle tiempo a aprender sobre este tema y por cuidar de aquellos que sí sufren.

Con amor,

Hinda

*Nadie puede entender la verdadera naturaleza
de tu mundo interior. Puede que tengas un gran sentimiento
de soledad. Y por encima de todo este sentimiento es verdadero,
no importa lo que esté pasando en la vida de los demás.
De modo que supongo que en esto, tampoco estamos solos.*

Linda Manassee Buell

No estás solo

Un ataque de pánico o cualquier trastorno de ansiedad le puede ocurrir a cualquiera; no son trastornos selectivos. Algunas de las siguientes celebridades han experimentado ataques de pánico, otras saben lo que es sentir fobia social y algunas incluso han sido agorafóbicas. Como vas a ver, estás en buena compañía:

- *Joan Baez,* cantante y compositora
- *Kim Basinger,* actriz
- *Earl Campbell,* miembro de la Galería de Jugadores Honoríficos de la Liga de Fútbol Americano.
- *Cher,* cantante, compositora y actriz
- *Calista Flockhart,* actriz
- *Naomi Judd,* cantante y compositora
- *Leila Kenzle,* actriz
- *Jonathan Knight,* cantante
- *Donny Osmond,* cantante, compositor y actor
- *Winona Ryder,* actriz
- *Barbara Streisand,* cantante, compositora y actriz
- *Carly Simon,* cantante y compositora
- *Donald Sutherland,* actor
- *Ricky Williams,* ganador del trofeo Heisman

Extraído de *Entertainment News Wire, Parade Magazine,* Selecciones, *HBO, The Oprah Winfrey Show* y *Extra.*

Aproximadamente seis semanas después de mi primer ataque de pánico (antes de que supiera lo que era un ataque de pánico) escribí en mi diario:

Seas lo que seas, ahora ya has estado en mi vida durante suficiente tiempo. Acepto que estás aquí por alguna razón, y la estoy buscando. Han pasado un millón de pensamientos por mi cabeza mientras estabas aquí, y también he escondido un millón de ellos. ¿Busco respuestas con demasiado empeño?... ¡Odio esto! ¡Odio este sentimiento! ¡Odio estar enferma! No soy quien pensaba ser, no soy el tipo de persona que sufre en silencio, la persona estoica. Me siento indefensa. ¿Está bien sentirme indefensa? Quiero ser perfecta... Intentaré darme este tiempo. Intentaré observar y vivir con las emociones.

Fragmento de diario, 30 de agosto, 1992
Linda Manassee Buell

1 Busca ayuda profesional

«Solamente en Norteamérica existen entre 23 y 28 millones de personas que sufren de trastornos de ansiedad y pánico, y sólo uno de cada cuatro busca solución a su sufrimiento.»

America Undercover, HBO, 16 de septiembre, 1999

«No tenía conocimientos sobre lo que me estaba pasando. En un primer momento me sentí avergonzado y furioso por mi situación. Pensaba «De entre todas las personas que hay, ¿por qué me tenía que pasar esto a mí?» Siempre me había considerado un tipo tranquilo.»

Earl Campbell, *Football Hall of Famer*
(miembro de la Galería de Jugadores Honoríficos de la Liga de Fútbol Americano)
America Undercover, HBO, 16 de septiembre, 1999

«Confía en tus instintos a la hora de buscar ayuda pero no abandones la búsqueda de tratamientos probados y efectivos. Posiblemente es el consejo más importante que puedas recibir de esta autora, que ha estado ahí, y que cuida y conoce a sus lectores.»

Emanuel Maidenberg, Ph.D.
Clínico y profesor asistente de Psiquiatría, UCLA

Compartí mi experiencia personal sobre el trastorno de ansiedad y pánico con seis psicólogos, cuatro médicos, tres quiroprácticos, tres practicantes holísticos de la salud (masajistas) y gran variedad de otros profesionales médicos y sentí que realmente muchos de ellos no me «escuchaban». Tal vez es por eso por lo que pasaron 18 meses hasta que recibí el diagnóstico correcto de lo que me estaba provocando sufrimiento.

Lo hice desde mi primer ataque de pánico y, a pesar de que mi intuición me indicaba que no estaban siendo de gran ayuda, continué visitando a estos doctores dándoles demasiado de mi tiempo y de mi dinero. Supongo que, igual que mucha gente, al asumir que un profesional sabe más que yo quedé presa de estas situaciones tan insatisfactorias.

A medida que pasaba el tiempo, descubrí que no siempre sabían más sobre mi situación particular de lo que yo ya conocía, o que simplemente no se tomaban el tiempo para conocerme y para saber qué es lo que estaba experimentando. Me pareció que encontrar una categoría para mí y darme alguna respuesta estándar que les hubiera servido en el pasado para alguna situación similar a la mía, les interesaba más y les era más fácil.

No obstante, a pesar de que estas experiencias no fueron demasiado positivas, todavía recomiendo la búsqueda de ayuda profesional ya que, finalmente, encontré algunas personas disponibles y con preparación. Sólo necesitaba tomarme el tiempo de investigar un poco buscando el consejo de otros que hubieran experimentado lo mismo que yo y de hablar y preguntar sobre diferentes profesionales médicos. En este proceso, un valor importante que encontré fue el de darme permiso para cambiar de profesional si la relación naufragaba, cambiaba o no me hacía sentir bien.

Tal vez prefieras tener un equipo formado por diferentes profesionales médicos que te den apoyo telefónico cuando lo necesites. El mío incluye un médico que se asegura de que mi cuerpo está en buena forma; un psicólogo que me ayuda en el tema de la exposición; un quiropráctico para los masajes y la terapia craneo-sacral (que ayuda a que la energía de mi cuerpo fluya positivamente); y un asesor psicológico que me ayuda a ver el hermoso bosque de la vida a través de los árboles.

1 Infórmate tanto como puedas. En la actualidad hay muchos tipos de tratamientos y combinaciones de los mismos a tu disposición.

2 Visita tu biblioteca o Internet y busca información sobre tratamientos efectivos. Recuerda que tienes que asegurarte de comprobar que todas tus fuentes son fiables.

3 Diagnostícate por un profesional de la salud mental. No confíes en el autodiagnóstico o en tu creencia sobre lo que «crees que podría ser tu problema».

4 Descubre a profesionales experimentados en tu zona a través del contacto con organizaciones tales como Sociedad Española para el estudio de la Ansiedad y el Estrés, Asociación Española de Psicología Conductual, Asociación Madrileña de Pánico y Agorafobia, Asociación Catalana de Trastornos de Ansiedad. Estas organizaciones también ofrecen información en línea a través de Internet y otras fuentes de referencia.

5 Ten en cuenta que muchos psicólogos trabajan en diversas áreas. Consulta a un profesional especializado en los trastornos de ansiedad y pánico.

6 Solicita terapia cognitivo-conductual. La experiencia muestra que este tipo de terapia es de las más efectivas y duraderas que hay a disposición de las personas con trastorno de pánico.

7 Ten en cuenta que cualquier decisión sobre la toma de medicación es altamente personal. Se debería adoptar la decisión junto al profesional de la salud mental que lleve tu caso.

8 Busca el consejo de un psicofarmacólogo (un médico especializado en la prescripción de diferentes tipos de fármacos) en cuanto a la medicación más apropiada para el trastorno de pánico.

9 Pregunta sobre los diferentes tipos de medicación de los que dispones. Su efectividad, la dosis, y los efectos secundarios, para que así tengas una buena información y comprensión de lo que puedes esperar y lo que no puedes esperar de ellos. Puedes encontrar información adicional en tu biblioteca o en Internet.

10 Aprende las condiciones físicas bajo las cuales se pueden llegar a experimentar falsos síntomas de ansiedad. No asumas directamente que padeces síntomas de ansiedad sin pedirle a tu médico que realice las pruebas adecuadas.

11 Realízate una revisión física completa, que incluya el tiroides, los niveles de hierro en sangre y el sistema vestibular. Puede ser de una gran ayuda de cara a excluir la posibilidad de algunos de tus mayores miedos. Una vez te hayas hecho la revisión médica, recuérdate a ti mismo que estás sano.

12 No dudes en buscar otro médico si sientes que el que tienes no comprende tus necesidades o bien no tiene conocimientos sobre el trastorno de pánico. No dejes que él o ella te intimide o le quite importancia a cómo te sientes.

13 Tienes que saber que existen derechos legales en tu lugar de trabajo a los que te puedes acoger en el caso de que necesites protección. Estos derechos están explicados en el Instituto de Migraciones y Servicios Sociales (IMSERSO).

¿Qué está pasando? Me siento nerviosa. Voy a ver a otro médico (lo único que hizo el terapeuta que tuve el año pasado fue decirme que tenía un trastorno de pánico con agorafobia).

Etiquetar lo que me pasa convierte en algo real lo que nunca pude admitir. No quiero que tenga un nombre. En el pasado, cuando estaba enferma, quería saber qué me pasaba. Ahora no. Si afirmo que tengo algo, entonces empeorará. Quiero luchar contra ello, no aceptarlo ni prestarle atención. Quiero alejarlo de mí.

Quiero que esto se aleje de mí. Quiero funcionar en mi vida otra vez. ¿Qué es lo que va mal? ¿Vivir una mentira escondiendo mis sentimientos o sentirme así?

Fragmento de diario, 9 de febrero de 1994
Linda Manassee Buell

2 Mente y cerebro están conectados

«Todavía no sé lo que causa el trastorno de pánico. Nadie lo sabe con exactitud. Pero con el tiempo he descubierto lo siguiente de mí mismo: si trabajo durante 10 días seguidos y no descanso como debería, me estoy buscando problemas. En ese momento es cuando es más probable que sea golpeado por un ataque de pánico.»

Campbell, *Football Hall of Famer*
(miembro de la Galería de Jugadores Honoríficos de la Liga de Fútbol Americano)
Rush of Fear, People Magazine, 4 de noviembre de 1991

«Hazte amigo de tus sensaciones corporales para que tu mente aprenda que esas sensaciones no son peligrosas. Es un duro esfuerzo, ya que tu cerebro las ha asociado al peligro. Pero son la llave del éxito.»

Stéphane Bouchard, Ph.D.
Universidad de Quebec (Canadá)
Departamento de Psicoeducación y Psicología

Mis ataques de pánico y la ansiedad anticipatoria, provocan una serie de cambios físicos inmediatos en mi cuerpo. Estas sensaciones se desencadenan a partir de pensamientos temidos que aparecen de forma repentina e inesperada y pueden incluir náuseas, dolor de cabeza y dolor en el pecho, además de otros síntomas. También se puede dar el proceso inverso, es decir, que una sensación física previa pueda desencadenar pensamientos de preocupación y miedo y a partir de ahí que se desencadene un ataque. Por ejemplo, me puedo levantar por la mañana con cierta sensación de náusea, y esto a su vez puede dejarme pensando, lo cual me conduce a una preocupación sobre las náuseas y a un gran temor en cuanto a las consecuencias terribles que esto puede significar. Puedo estar experimentando esta cadena de sucesos a la vez que soy consciente de que esto me puede llevar a experimentar un ataque de pánico, el cual por sí mismo puede llevar a generar mayor temor y miedo.

El sueño, el ejercicio, la alimentación y el estrés afectan el modo en que nos sentimos y, en consecuencia, el modo en que pensamos. Cada uno de nosotros es un ser completamente integrado, aunque la mayor parte del tiempo no utilicemos las posibilidades de esta integración. Si puedo provocar pensamientos que desencadenen sensaciones desagradables, también puedo provocar pensamientos que desencadenen sensaciones agradables. Teniendo esto en cuenta, puedo regular mi mundo interior aplicando patrones de sueño positivos y consistentes, haciendo ejercicio con regularidad, comiendo sano, y anticipando situaciones de cara a conseguir que no sean estresantes o a que lo sean poco.

Cuando nos sentimos bien y tenemos energía, tenemos reservas suficientes para afrontar cualquier cosa que se presente. Sé que debo ser muy disciplinada conmigo misma para mantenerme con buenas reservas todo el tiempo. Para conseguir esto tomo el control y planifico mis actividades diarias pensando tanto en el bien de mi cuerpo como en el de mi mente.

14 Hazte cargo de tu vida. Conviértete en un experto de ti mismo.

15 No te saltes comidas, especialmente los desayunos. Asegúrate de que te alimentas de forma sana tres veces todos los días.

16 Elimina la cafeína y otros estimulantes que tienden a desencadenar reacciones químicas en el sistema nervioso. Recuerda que el chocolate tiene cafeína. Te sorprendería saber que otros muchos alimentos también, así que adquiere el hábito de leer las etiquetas de los productos.

17 Haz un registro de lo que comes y compáralo con posibles incrementos de ansiedad. Podrías padecer alguna alergia alimentaria o cierta sensibilidad a productos que pudiera desencadenar los ataques.

18 Acude a un especialista nutricional y comprueba si los desequilibrios nutricionales están influenciando los síntomas del trastorno de pánico. Una hipoglucemia no tratada puede desencadenar ataques de pánico.

19 Comprueba siempre con tu médico todos los medicamentos, incluyendo los del asma y las píldoras para la dieta. Estimulantes tales como el pseudoephedrine, que se encuentran en muchos medicamentos que no requieren de prescripción médica, tales como medicinas para los resfriados, alergias y problemas de sinusitis, pueden inducir ataques de pánico en muchas personas. Convierte en una práctica la lectura de los prospectos de los medicamentos.

20 Aprende a reconocer e identificar la hiperventilación o la respiración acelerada y todos los síntomas con los que va asociada, tales como vértigo o mareo, confusión, entumecimiento, hormigueo en los brazos y piernas. La hiperventilación es experimentada por más de la mitad de las personas que experimentan ataques de pánico, y no es peligrosa. Hay numerosas técnicas que puedes utilizar para reducir tu respiración.

21 Aprende sobre el sistema nervioso simpático y parasimpático, cómo están relacionados químicamente y los diferentes modos en que la adrenalina afecta a tu cuerpo.

22 Aprende a relajarte cuando cualquier síntoma provocado por alguna reacción química desencadena ansiedad o pánico. Estos síntomas no son dañinos y con el tiempo desaparecen.

23 Lee libros sobre otros trastornos que tengan complicaciones bioquímicas. Saber que hay similitudes te puede ayudar. Si entiendes mejor lo que desencadena el pánico sabrás cómo cambiar las condiciones que lo provocan.

24 Ten en cuenta que las fluctuaciones de las hormonas premenopáusicas provocan unos síntomas específicos. Las mujeres deberían realizar un registro que permitiera ver si síntomas del trastorno de pánico están relacionados con los ciclos menstruales.

25 Identifica los síntomas físicos que experimentas personalmente ante el pánico. ¿Sientes hormigueo en las manos? ¿Te duele el pecho? ¿Tienes náuseas? Si conoces tu respuesta física personal no debes tener miedo a los síntomas.

26 Los síntomas pueden variar a lo largo del tiempo, y muy pocas personas mantienen los mismos. Una diferencia o cambio en tus síntomas de pánico o un incremento en su intensidad no significa que tengas otro problema o que estés en peligro.

27 Date cuenta de que es fácil que estés demasiado pendiente de tu cuerpo o con un afán excesivo de control sobre cualquier cambio que ocurriera en él. La mayoría de estas sensaciones son normales o debidas al temor producido por tus pensamientos.

28 Duerme bien por la noche. La falta de sueño puede contribuir a incrementar la ansiedad y el pánico.

¡Ya estoy tan cansada! Pero el problema sigue y sigue. Las 5:30 de la mañana no sería mala hora para despertarse si me hubiera ido a dormir pronto. Lo mejor ha sido no levantarme a media noche, ¿o bien es esto la media noche? Observo que cada maña-na me pregunto a mí misma cómo me siento. Me levanto; busco síntomas de temor y pánico. ¿Tengo ansiedad anticipatoria? Meditación, todo lo que leo habla de meditación. Este diario es un tipo de meditación. Pensé que no me iba a costar mucho dedicar-le 10 minutos más por la mañanas a escribir en él. Pero me ha costado… Escucho profundamente mi alma. Observo mi interior. En realidad nunca dejo de pensar porque cuando pienso que no estoy pensando, ya lo estoy haciendo…

Fragmento de diario, 6 de septiembre de 1995
Linda Manassee Buell

3 La respiración

«Si sólo tuviera tiempo de trabajar un aspecto en una sesión, escogería trabajar la respiración. Cuando la respiración fluye de forma natural, todo se beneficia: el cuerpo, la mente y el espíritu.»

Gay Hendricks

Autor de *La respiración consciente*
y (junto con la Dra. Kathlyn Hendricks) de *Breathing Ecstasy*

El recurso más importante del que disponemos en cada momento está dentro de nosotros. Es nuestra respiración. Durante años he aprendido y reaprendido la importancia de saber cómo respirar correctamente y de forma beneficiosa.

Pienso que es curioso que en el momento de nacer ya supiéramos respirar correctamente. Sencillamente, estás tumbado en tu cuna y lo haces. La respiración correcta es un proceso que conlleva que nuestra barriga se mueva hacia fuera y hacia dentro de forma natural sin que nuestro pecho se expanda demasiado. Observa cómo duerme un niño y verás cómo realiza este movimiento de forma fácil y natural. Luego intenta recordar la última vez que viste a un adulto que respirara moviendo la barriga. Seguro que no te acuerdas. Esto se debe a que a muchos de nosotros se nos enseñó que debíamos «sacar pecho y meter barriga». ¿Y cuál fue la consecuencia? Que a medida que nos hicimos mayores, aprendimos a respirar con el pecho a pesar de encontrar cierta resistencia física al hacerlo. Mucha gente tiene el hábito inconsciente de respirar de forma rápida y con breves inspiraciones. Añade a eso algo de ansiedad, estrés, el mareo y el dolor de pecho y nos encontraremos con muchos de los síntomas de un inminente ataque de pánico.

Piensa en tu respiración como si fuera un metrónomo que marca el paso de la energía que hay en tu cuerpo. Si respiras con rapidez, eso querrá decir que tus ritmos internos estarán también acelerados. Cuando eres capaz de respirar más lentamente, tu mundo interior está también menos acelerado. Actualmente utilizo ropa que me deje la cintura suelta, de modo que a lo largo del día puedo comprobar si mi respiración es correcta. Una correcta respiración limpia, clarifica y calma, y es un recurso muy valioso que todos llevamos con nosotros vayamos a donde vayamos.

29 Evita el modo superficial de respirar, tan común entre las personas que padecen trastorno de pánico. Si respiras por debajo del nivel normal cuando estás tranquilo, imagínate qué pasaría si te enfrentaras a una situación que produjera ansiedad.

30 Aprende a prevenir la hiperventilación o la respiración acelerada con el objetivo de equilibrar los niveles de oxígeno y dióxido de carbono en tu cuerpo. Esto puede ayudar a reducir los síntomas físicos de pánico.

31 Respira desde tu barriga y utilizando la nariz. Esto se conoce como respiración diafragmática y puede situarte, calmarte y relajarte.

32 Túmbate boca arriba y pon un libro en tu barriga. Respira profundamente y deja que se expanda tu estómago. Luego mírate y comprueba que el libro se eleva mientras inspiras y desciende mientras exhalas.

33 Pon tus manos en el estómago mientras estás sentado o estirado y siente cómo tu estómago asciende y desciende saludablemente con la respiración diafragmática.

34 Concentra tu atención en expandir tu estómago al inhalar y en que tu pecho se mantenga quieto. Luego cuenta despacio y reduce tus exhalaciones. Concentrar tu atención puede ayudar a que te olvides de los pensamientos de pánico.

35 Imagínate a ti mismo tumbado en un prado de hierba fresca con una agradable brisa recorriendo tu rostro, o sentado en la cálida arena mirando el bonito azul de las olas del mar rompiendo suavemente en la orilla. Ahora comprueba si estás respirando diafragmáticamente.

36 Visualiza una luz blanca purificadora que empieza por el extremo de tus pies y se eleva por tu cuerpo a medida que vas respirando. A medida que exhalas, visualiza cómo esa luz te ha liberado del estrés.

37 Imagina que a medida que inspiras expandes a lo largo y a lo ancho tu espacio interior para hacerle sitio a la energía del pánico. Si hay demasiada energía que manejar, libérala con cada expiración.

38 Procura tardar más en exhalar que en inhalar. La exhalación pone en funcionamiento tu sistema nervioso parasimpático, el cual está unido al sistema que regula la relajación.

39 Libérate de la necesidad de sujetar tu estómago o de llevar ropas ajustadas. Si te enseñaron a ir bien erguido y a meter el estómago bien metido probablemente esto ha conducido a que respires con el pecho, y en consecuencia, a que tengas dolores de pecho o inexplicables mareos.

40 Practica la respiración diafragmática cada vez que sientas ansiedad o pánico. Mantén tu atención en la respiración, sintiendo que tu estómago se mueve de forma suave hacia dentro y hacia fuera.

41 Practica mucho, y cuando hayas acabado practica un poco más. Cuando se domina la técnica, la respiración diafragmática se puede conseguir en cualquier sitio y a cualquier hora. Percibe tu respiración varias veces al día.

42 Respira diafragmáticamente tan pronto como reconozcas un pensamiento de pánico o alguna sensación física. Esto te ayudará a detener la secuencia de eventos que te llevarían a un ataque de pánico.

43 Pon pequeñas señales rojas o algo similar en tu casa o en tu lugar de trabajo. Tómate un descanso de uno o dos minutos cada vez que veas una.

El humor es una gran señal. A veces observo mi interior con una mirada tan funesta y oscura, que me alegra ser capaz de reírme de mí misma. ¡Todo no puede ir tan mal desde el momento que eres capaz de reírte de ti mismo! El dolor está en mi cuerpo físico, no en mi espíritu. El dolor está en mi pasado, en mi memoria. Mi mente filtra los demonios del pasado. Quiero llenar el jarro con amor. Me amo y me aprecio tal como soy. Digo esto en el espejo, en el alma.

Fragmento de diario, 25 de julio de 1996
Linda Manassee Buell

4 Centrándote en ti mismo

«Tienes que organizar tu mente y no perder el timón.»

Del cantante, compositor y actor Donny Osmond
48 horas, CBS Worldwide, 10 de agosto de 2000

«¿Qué significa estar centrado? Algunos lo definen como el hecho de estar siempre tranquilo y cómodo, independientemente de lo que esté sucediendo. Una definición más poderosa sería la de centrarte en lo que estés haciendo para que no haya lugar para la preocupación o las reacciones superfluas. Aun así, la definición más profunda de estar centrado es la de entregarle tu centro a lo que tienes entre manos. Si uno no se aferra a su propia imagen ni a los miedos del *self* herido, no tiene por qué ponerse nervioso o en tensión. Para conseguir esto, uno debe ser capaz de aceptar la propia muerte sin miedo. Sólo en ese momento puede olvidarse de sí mismo y permitir que su mundo tome más vida. Sólo sin miedo a morir se puede estar en el mundo como si se estuviera en el momento más hermoso que existe.»

Jim Spira, Ph.D., M.P.H., ABPP
Director del *Institut for Health Psychology,* Solana Beach, CA

Mi asesor psicológico es una hermosa mujer que percibe y me transmite cuándo «estoy en mi cuerpo» y cuándo estoy «fuera de él». Normalmente hace estos comentarios cuando estoy «girada» explicando lo que me ocurrió después de un ataque de pánico, o cuando estoy nerviosa por algo.

Lo que me dice normalmente es que no estoy respirando diafragmáticamente (abdominalmente) o que ni siquiera soy consciente de estar respirando. Mi habla interior es muy activa y no le presta atención a nada específico. Estoy demasiado ocupada pensando en el pasado o en el futuro. Puede que sienta oleadas de energía en mi cuerpo y que esté nerviosa. Otras veces choco con algo o me atrabanco al caminar. Mi cuerpo va por su cuenta, y parece que esté fuera de control. Mi asesora me ha ayudado a reconocer en mí misma los momentos en que esto ocurre y me ha enseñado a recuperar mi centro.

Cuando consigo estar centrada me doy cuenta de que el mayor beneficio de estarlo es la calma interior y exterior. Además, aunque aparentemente el exterior sea caótico, yo no lo estoy y abordo mis días y mi vida, como dice la canción de los Eagles, «con un sentimiento de suavidad y paz». Cuando estés realizando un trabajo de exposición y la ansiedad se empiece a incrementar, el centrarte en ti mismo te puede devolver a tu cuerpo, calmar tu sistema y ayudarte a lograr lo que quieres.

Si practicas diariamente la experiencia de centrarte en ti mismo tanto cuando estés bien como cuando estés mal, te recuperarás de los ataques de pánico con mayor rapidez, ya que tendrás la experiencia y el entrenamiento previos. Convierte en un hábito el estar centrado y acabará por gustarte la sensación.

44 Los pensamientos de pánico no son más que un exceso de energía en tu cuerpo. Tú tienes la capacidad de reconvertir esa energía y utilizarla para perseguir tus objetivos. Probablemente es la misma energía que te ha servido para conseguir otras cosas en tu vida.

45 Aprende a relajar tu cuerpo y despréndete de todas las tensiones y tiranteces que se experimentan cuando se trata con los síntomas de pánico. Ponte flácida como una muñeca de trapo, sacude tus brazos y mueve tus piernas.

46 Tensa y relaja determinados músculos en varias partes de tu cuerpo. Date cuenta de que no puedes estar tensa y relajada a la vez.

47 Aprende de la técnica del *biofeedback*, la cual te puede enseñar a regular de forma consciente algunas de tus funciones autónomas tales como el ritmo cardíaco y la presión sanguínea. Ésta combina diversos métodos de relajación utilizando instrumentos que monitorizan tus respuestas individuales.

48 Utiliza la meditación, un mantra (una palabra o frase relajante que te repitas a ti mismo) y la respiración diafragmática cuando aparezcan los pensamientos negativos. Centrándote y situándote puedes calmar tu mente y tus síntomas físicos y estar más centrado en el presente.

49 Repite un mantra en todo lugar y momento para fijar y tranquilizar tu mente. También puedes utilizar el mantra para dormir bien por la noche.

50 Realízate masajes con regularidad. Éstos te relajan, disminuyen tu frecuencia cardíaca y te ayudan a respirar más profundamente. También te ayudan a situarte y a ponerte en conexión con tu cuerpo.

51 Prueba la terapia cráneo-sacral, la acupuntura, el reiki y la kinesiología aplicada. Todas estas modalidades ayudan a desbloquear tu energía corporal y a permitir que ésta fluya.

52 Empieza un diario y escribe tus sentimientos y emociones. Escribir en un diario es un modo seguro de estar en contacto con cómo te sientes y con lo que piensas en relación con los diferentes aspectos de tu vida.

53 Sé un experto en el reconocimiento de tus propios pensamientos negativos. Descompón los pensamientos ansiógenos en pensamientos específicos. Cuanto menos vagos son tus pensamientos, más fácil es refutarlos y reducir tu ansiedad.

54 Revisa estos pensamientos tan poco útiles y conviértelos en pensamientos positivos y de respaldo. Busca algo positivo que decir y luego dilo y escríbelo a la vez.

55 Piensa en afirmaciones personales sobre los logros que estás obteniendo. No importa si son grandes o pequeños. Estas afirmaciones las puedes relacionar con tu trastorno de pánico o también con la vida en general.

56 Desafía tus pensamientos negativos. Probablemente tendrás que utilizar pensamientos alternativos de forma repetida antes de que aparezcan de modo automático y reemplacen los antiguos pensamientos. Tienes que saber que esto forma parte del proceso.

57 Márcate el objetivo de aprender y utilizar nuevos pensamientos positivos. Los pensamientos automáticos negativos fueron aprendidos en su momento pero se pueden desaprender y reemplazar.

58 Sustituye las frases del tipo «¿qué pasaría si...?» con otras del tipo «éste es el modo en que yo manejo...». Esto ayudará a generar pensamientos de afrontamiento en vez de poner en funcionamiento de nuevo los pensamientos de temor.

59 No discutas contigo mismo. Cuando tus voces interiores aparezcan, no las alimentes intentando discutir con ellas.

60 Di «¡basta!» cuando aparezca un pensamiento negativo. Dite a ti misma que no vas a tragar más pensamientos negativos.

61 Utiliza tu sufrimiento como si fuera un maestro. Contempla tus ataduras y miedos como si fueran el primer paso para hacerte libre.

62 Conviértete en tu propio observador personal y contémplate como si estuvieras viendo tu pánico desde fuera. Cambiando tu perspectiva puedes alejar el sufrimiento.

63 Pregúntate a ti mismo: «¿Qué partes de mí mismo no están experimentando temor?» Seguramente hay alguna parte de ti que no está sintiendo miedo.

Sentada en la oscuridad,
completamente sola,
sabiendo que estoy aterrorizada por morir
haciéndole frente a la vida, en solitario.

Nadie está ahí para guiarme.
Intento encontrar el camino
pero los demonios de la oscuridad
me siguen ahuyentando.

Tarareo la música de la comodidad,
busco en mi corazón.
Sé que estoy siendo guiada
que no estoy sola en esto.

Brilla un rayo de luz
y ahora me envuelve,
la increíble belleza.
Y finalmente encuentro el confort.

La luz está ahí para guiarme,
está ahí para traspasarme.
Sólo tienes que mirar en tu interior para verla.
Siempre está ahí, a tu disposición.

Fragmento de diario, 7 de febrero de 1997
(actualización de la del 30 de enero de 1996)

Linda Manassee Buell

5 Exposición sistemática

«A veces, cuando recuerdo el pasado, pienso que si hubiera tenido la opción de caminar por un puente o bien la de morir, habría escogido la muerte. Esto es lo que implica el verdadero terror.»

El cantante, compositor y actor Donny Osmond
48 hours, CBS Worldwide, 10 de Agosto de 2000

«No hay nada que funcione mejor para superar un miedo que encararlo, especialmente cuando se afronta con pequeños incrementos y de forma sistemática. Además, las mejoras que se desprenden de la exposición no desaparecen hasta que han pasado semanas o meses. Cuando te hayas desensibilizado por completo de una situación fóbica, podrás permanecer libre del miedo.»

Edmond J. Bourne, Ph.D.
Autor de *The Anxiety and Phobia Workbook*

En una ocasión, en un viaje que tenía que hacer, probé un proceso llamado inundación. Este proceso se puede explicar mejor por el comentario que me hizo un terapeuta, «No me importa si te tienes que arrastrar para llegar allí, pero hazlo.» Es un poco como: «Afronta el miedo sea como sea», sólo que en mi caso fue «afronta el miedo y ten un ataque de pánico». Antes de cada viaje podía llegar a estar enferma durante dos o tres días debido a la ansiedad anticipatoria. A veces hacía el viaje, pero otras no.

Hice mucha inundación durante los primeros siete años de mi trastorno de pánico. Luego mi agorafobia empeoró y sólo realicé inundaciones para ir al cine, al restaurante o para ir a la ciudad en el caso de que mi persona de apoyo, mi marido, estuviera conmigo. El proceso no era divertido, y no me ayudaba. No era capaz de repetir las mismas actividades con menor ansiedad, lo cual era el objetivo. En mi opinión, lo único que estaba aprendiendo era a sentirme fatal al realizar determinadas cosas. Una vez comprendí esto, busqué otro método (un método que me permitiera aprender a sentirme muy bien al hacer las cosas). Quería establecer nuevas condiciones para estas antiguas experiencias.

La exposición sistemática me ayudó a entender mi cuerpo a un nivel visceral e instintivo, y a saber que el hacer determinadas cosas puede ser una experiencia placentera. Ahora ya no fuerzo las cosas y soy mucho más capaz de afrontarlas con éxito. Puedo viajar a cualquier lugar del área de San Diego (incluso en las vías con tráfico) a diferencia de cuando sólo me podía desplazar 5 millas alrededor de mi casa por calles iluminadas y anchas. Ahora puedo volver a ir al cine, al teatro, a conferencias y a seminarios. El pasado verano, incluso pude llevar a mis sobrinas a un parque acuático que está en la parte más alejada de la ciudad.

No fui consciente de lo reducido y aparentemente confortable que había hecho mi pequeño mundo, hasta que comencé a retroceder para hacerlo mayor de nuevo. No era consciente de cuántas veces había puesto excusas para no atender a comidas de compromiso, fiestas u otros eventos sociales. Incluso creé un negocio que se pudiera llevar desde mi casa de modo que no tuviera que salir de ella para nada. En la actualidad, puedo escoger conscientemente y con ganas, cuándo quiero salir de casa y a la vez vivir una buena experiencia.

64 No te rindas al miedo. De ese modo crecerá y se hará más poderoso. Cuanto más practiques la evitación más difícil lo tendrás para tratar tu ansiedad y pánico.

65 No evites situaciones por temor a experimentar un ataque de pánico. A esto se le llama agorafobia y crea una falsa sensación de seguridad. Puede provocar que el miedo se convierta en anticipación.

66 Haz un esfuerzo consciente y resuelto para enseñarte a ti mismo a no evitar situaciones ni lugares. Del mismo modo que te enseñaste a ti mismo a evitarlas en un primer lugar, ahora puedes enseñarte a no evitarlas.

67 Practica yendo a lugares o poniéndote en situaciones que normalmente evitarías. El proceso de exposición funciona mejor a largo plazo cuando lo descompones en pequeños pasos.

68 Cuando comiences, date permiso para dar pequeños pasos si lo necesitas. Lo importante es dar el paso lentamente y con seguridad, no lo grande que sea.

69 Mantente en el punto al que llegaste previamente. Cuando tengas ansiedad, recorre como mínimo la misma distancia que recorriste previamente. Si no lo haces, te estás quedando otra vez en la evitación permanente.

70 Repite, repite y vuelve a repetir tu práctica. El objetivo es pasar de hacer las cosas con aprehensión a hacerlas con confianza. Repite la actividad hasta que te sientas confiado.

71 No intentes progresar con demasiada rapidez. Esto puede que te aleje de la autoconfianza. No se trata de cumplir con el objetivo y después volver enseguida a casa, o de tolerar altos niveles de ansiedad; se trata de aprender a disfrutar de cualquier cosa que estés haciendo.

72 Sé capaz de soportar pequeñas incomodidades temporales. Estas sensaciones de incomodidad no son una amenaza.

73 No dejes de planear nuevos destinos o eventos y agárrate al programa de exposición. Haz esto hasta que te puedas mover con tanta libertad que te aburras del proceso.

74 Detén los comentarios de la parte juzgadora que hay en ti mismo. La práctica de ir a lugares y de permanecer en situaciones se lleva una gran cantidad de tiempo y energía. Esto está bien.

75 Escribe tus pensamientos negativos a la vez que realizas tu trabajo de exposición. De este modo los podrás refutar y reemplazar. Siempre puedes encontrar pensamientos alternativos que reemplacen a los negativos.

76 Apunta muchas afirmaciones positivas. Memoriza y utiliza estas afirmaciones a lo largo del día, vayas a donde vayas.

77 Adquiere el hábito de tener un habla interior positiva tanto cuando estás practicando como cuando no. Si utilizas el diálogo interno positivo de forma diaria, aparecerá de forma automática cuando tengas mucha ansiedad o sientas pánico.

78 Substituye tus pensamientos negativos con afirmaciones positivas para que tus pensamientos de temor no se incrementen en forma de espiral y eso a la vez contribuya a que se incremente el miedo y, en consecuencia, los síntomas físicos de pánico. No le des más poder al miedo al centrar tus pensamientos en él.

79 Considera los retrocesos como una oportunidad para crecer más. Recuerda, sólo puede ocurrir un retroceso cuando ha habido un avance.

80 Efectúa el cambio de estar centrado en tu ansiedad a estar centrado en el lugar a donde vas. Visualízate en el lugar al que vas, sonriendo y disfrutando del sitio y de tu éxito.

81 Acompáñate de un teléfono móvil. Sentirás como si la seguridad estuviera al alcance de una llamada telefónica.

82 Acuérdate de celebrar todos y cada uno de tus progresos. No importa lo pequeños que sean. Anímate y permítete estar feliz y contento, y luego celébralo con los demás.

Perdí una parte de mí. Esa parte de mí que solía rechazar todo tipo de precaución. En el pasado me habría dicho, «qué demonios», y nunca habría dudado de ir a algún lugar, ni habría esperado que pasara nada malo. ¿Qué parte de mí es la que ha perdido Chuck? Sé cuál es: la persona despreocupada y risueña que practicaba vela en el Caribe. Yo ya no río tanto. Me he vuelto mucho más seria ante la vida.

Fragmento de diario, 7 de octubre de 1999
Linda Manassee Buell

6 Técnicas de distracción

«Te sientes como si estuvieras teniendo una alucinación, como si estuvieras perdiendo la cabeza.»

Cantante y compositora Naomi Judd
Weekend Edition, Extra, 6-7 de junio de 2001

«Las técnicas de distracción nos ayudan a sentirnos libres, nos distancian de los problemas. Tienen el poder de colocar al ataque de pánico en su sitio. En realidad, lo que pensamos que es un león, no es más que una sombra. Una sombra que no nos tiene que asustar. Siempre que puedas, utiliza las técnicas de distracción teñidas de sentido del humor. Deja que sucedan las cosas y disfrútalas. Descubrirás que el león no ataca.»

Cristina Botella, Ph.D.
Profesora de Psicología, Universidad Jaume I (España)

De acuerdo, la verdad es que algunas veces no puedo controlar mi enérgica habla interior. Y no puedo evitar que esa habla mental tan rápida como el rayo, se detenga. Echo mano de todas mis estrategias y técnicas de respiración para centrarme, pero si estoy excesivamente cansada o sin energía, no me puedo concentrar. Entonces, me voy a mi juego de herramientas llamado «técnicas de distracción». Éstas son capaces de alejar mi mente de mí misma y ponerla en cualquier otra cosa. He descubierto que una técnica específica como la lectura funciona muy bien en una ocasión pero puede que no lo haga en la siguiente. Al principio, debido a que todavía no era lo suficiente buena con las técnicas de respiración y centrándome en mí misma, utilizaba más a menudo las técnicas de distracción. Todavía no tenía la suficiente práctica como para respirar diafragmáticamente con facilidad y rapidez, ya que todavía no la había interiorizado como hábito.

Durante los primeros años de mi trastorno de pánico, guardaba una lista con posibles distracciones a utilizar en determinado momento. Incluía cartas pendientes, material a leer, búsquedas por Internet, películas o programas grabados de la televisión, caminatas, nadar u otras actividades.

Cuando estaba acelerada o me estaba poniendo nerviosa o con sensación de pánico, consultaba mi lista y siempre encontraba alguna actividad que pudiera ser útil en aquél momento.

En la actualidad no necesito hacer una lista, pero esto no significa que no emplee técnicas de distracción: las sigo utilizando. Por ejemplo cuando siento que pueden constituir una ayuda adicional o cuando la situación no conduce a técnicas de respiración o bien a centrarme en mí misma. Y sólo uso aquellas con las que pueda disfrutar.

(Puede que alguna vez, mientras estabas parada en un semáforo, hayas visto a una mujer en el coche de al lado cantando de forma alborotada su canción favorita... ¡Hola! ¡Ésa podía ser yo!)

83 Utiliza las técnicas de distracción para convertir tus pensamientos de desesperación en pensamientos de relax. Recuerda, cuanto más desesperado estés por relajarte, más difícil será que lo consigas.

84 Túmbate en el suelo y visualiza tu ansiedad como si fuera energía que se está escurriendo en dirección al núcleo de la tierra. Pídele al universo que la disipe por ti.

85 Excava en la tierra o siéntela. La jardinería puede ser una buena manera de hacerte tomar contacto con la realidad o de estar más centrado.

86 Coge un juego de baldes y palas para niños y vete al parque de recreo más cercano o a la playa. Abre un agujero, remueve la arena, o construye un castillo.

87 Utiliza el sentido del humor siempre que puedas. La risa es un buen método para liberar el estrés.

88 Comprométete en la conversación como método para disminuir el estrés y la ansiedad, pero concéntrate en lo que realmente está diciendo la otra persona más que en intentar monopolizar o llevar la conversación.

89 Busca técnicas útiles que corten el habla negativa interior desde el momento en que se inicie. Darle un tirón a una goma para el pelo colocada en la muñeca te puede servir como recordatorio para volver al momento presente.

90 Cuenta objetos que haya a tu alrededor o bien cuenta hacia atrás desde mil de tres en tres o de siete en siete. Esto hará que te alejes del futuro y de los pensamientos de temor y que centres la atención en el momento presente.

91 Camina con lentitud notando cómo los tacones tocan el suelo. A continuación písate los dedos del pie. Siente cómo cada parte de tus pies está en contacto con el suelo y firmemente asentados en él.

92 Ejercítate regularmente con un programa físico que te vaya bien. Hay muchos programas a escoger, pero recuerda que cada cuerpo reacciona de diferente modo a diferentes tipos de ejercicio. Evita cualquier ejercicio que pueda incrementar tus síntomas de pánico.

93 Ten cuidado con el ejercicio, ya que éste provoca que tus músculos produzcan ácido láctico y se incremente tu ansiedad. Practica ejercicio de forma gradual.

94 Considera la posibilidad de tener un gato o un perro. Los animales son muy terapéuticos y nos dan amor incondicional.

¡Estoy sentada en un parque arbolado contemplando el vasto océano azul! Siento tal alegría mientras la fresca brisa y el suave calor del sol acarician mi cara... Qué bonito es este recuerdo para mí. Es el clima perfecto para un día perfecto, y mis ojos empiezan a derramar unas lágrimas. Es la primera vez que vengo sola a este sitio desde mi casa.

Al final he alcanzado otra cumbre, paso a paso, día a día. Este viaje comenzó a 30 kilómetros de aquí, pero este logro se inició hace años. Mi cerebro todavía no me deja apreciar por completo este maravilloso evento en mi vida, pero mis lágrimas me indican lo lejos de donde vengo. De modo que le digo a mi cerebro que se tranquilice, y dejo a mi corazón que disfrute del océano y del sol. Hay otras personas que están sentadas cerca. No tienen ni idea de la alegría que supone este día para mí, ni yo de su viaje o de su alegría. Aun así, todos compartimos este momento en el tiempo, a nuestra manera, juntos.

Fragmento de diario, 5 de junio de 2000
Linda Manassee Buell

7 Acéptate a ti mismo

«Estoy aquí para decir que esto es real, que es algo serio, pero que es tratable, y que siempre hay esperanza. Yo ya no lo tengo y soy una prueba viva de ello.»

Cantante y compositora Naomi Judd
Weekend Edition, Extra, 6-7 de junio de 2001

«No creo que nunca llegues a estar curado. Pienso que es algo que aprendes a tratar, algo que aprendes a manejar.»

Cantante, compositor y actor Donny Osmond
48 hours, CBS Worldwide, 10 de agosto de 2000

«Yo no diría que lo he superado. Me he educado.Si ocurre, sé qué hacer.»

Earl Campbell,
miembro de la Galería de Jugadores Honoríficos
de la Liga de Fútbol Americano
Former Grid Star Learns to Cope por Jane Ciabattari,
Parade Magazine, 5 de septiembre de 1999

«En muchas situaciones, el cambio requiere un paso previo: aceptar la distinción entre presuponer y percibir. Hasta que no lo reconocemos, lo que hemos presupuesto es nuestro mundo; da la impresión de que es algo que hemos percibido y que está ahí afuera. Aceptar que nuestros miedos están dentro de nosotros es el primer paso para una vida mejor.»

Giuseppe Riva
Investigador veterano de Tecnología aplicada a la
Neuropsicología (Italia)
Profesor e investigador en Psicología General
Universidad Católica de Milán (Italia).

El terapeuta me dijo que padecía un trastorno de pánico con agorafobia. Pero lo que oí de forma clara y rotunda fue, «tienes un trastorno mental.» Con la misma intensidad que me gustaría decirte que no me preocupaba, sí me importaba, y a diferentes niveles. En concreto, la persona perfeccionista que había en mí se convirtió en el ser más infeliz que puedo haber conocido.

Durante años sólo le conté mi diagnóstico a unas pocas personas. A pesar de que mi marido lo sabía, le escondí mi trastorno a mis compañeros, empleados e incluso a otros miembros de mi familia. Cuando no podía viajar o ir a algún sitio, ya fuera por motivos laborales o familiares decía que era porque «tenía la gripe», y tuve muchas gripes durante los primeros años de trastorno de pánico. Con el tiempo pasé a decirle a la gente que tenía «miedo a volar en avión». Para cualquier actividad que propusieran mi familia y amigos, sentía que deberían entender que no iba a estar ahí y que no era necesario hacer nada para que supieran más o para explicarles cómo me estaba sintiendo.

En el trabajo, cuando los viajes se hicieron cada vez más imposibles, firmé y me puse bajo la protección del Americans With Disabilities Act (Ley de protección de ciudadanos norteamericanos con algún tipo de discapacidad), la cual limitaba de forma efectiva mis viajes por negocios. Sin embargo, dentro del ambiente corporativo, la gente no entendía por qué yo estaba recibiendo un trato especial. Ahora, mirando hacia atrás, el tiempo que estuve en el mundo de los negocios, me doy cuenta de que no es extraño que ellos no lo entendieran. No estaba siendo abierta; no estaba siendo auténtica; y estaba llegando a acuerdos en secreto con mi jefe y el departamento de recursos humanos para no tener que atender a todos los encuentros de la compañía a los que normalmente hubiera ido.

¿Cómo podía esperar que alguien me entendiera si no estaba siendo completamente abierta y honesta? ¿Cómo podía esperar que otros aceptaran mi trastorno sin estigmas si yo misma no lo hacía? Lo que debía hacer era empezar a liberarme del estigma y aceptar por completo que padecía un trastorno de pánico. De modo que fue lo que empecé a hacer. ¿Significa esto que ahora todo el mundo lo entiende? Algunas personas sí, otras más de lo que lo hacían antes, y otras, tal vez nunca lo entenderán. Pero en realidad, es algo que ya no me importa, porque sé que ya he hecho todo lo que he podido para aceptarme a mí misma por lo que soy. Y al final, esto es lo que realmente importa.

95 Acéptate a ti mismo tal como eres en este momento. ¿Te has preguntado lo reducidos que serían tus ataques de pánico si no los tuvieras asociados con juicios negativos?

96 Tú no puedes provocarte un ataque de pánico. Ve y haz la prueba ahora mismo. Date cuenta de que no hay ataques de pánico a la carta, y recuerda el control que se adquiere sobre el pensamiento cuando uno se encuentra de nuevo en la misma situación.

97 Recuerda que tu mente y tu cuerpo están conectados. Cuando la mente está perturbada, el cuerpo la sigue. Provoca conscientemente un estado de confort en tu mente y el cuerpo la seguirá.

98 Trátate con mucho amor. Esto en sí es más importante que superar un ataque de pánico, pero además te ayudará a hacerlo.

99 No confundas «tus» comportamientos de pánico con tus rasgos básicos de personalidad. El trastorno de pánico provoca síntomas que a la vez determinan el comportamiento. Tú no eres tu trastorno.

100 Deja de etiquetar el pánico como algo malo. Incluso de la peor situación se puede sacar algo positivo.

101 No confundas los juicios de la gente en cuanto al trastorno de pánico y la ansiedad con juicios sobre tu persona. Ellos no saben lo que no saben.

102 Recuerda que tu sistema de respuesta de lucha/huida se puede activar en cualquier momento. Cuando menos te lo esperes puede aparecer el pánico. Utiliza esa oportunidad para ponerte a prueba y comprobar de nuevo tu bienestar físico y psíquico.

103 Comparte tus victorias con tus personas más cercanas. No minimices tus éxitos, celébralos de forma entusiasta.

104 No pienses que tienes que aprender a convivir con el estrés. Piensa en cambio que lo primero que tienes que hacer es aprender a fomentar el equilibrio y la calma en tu vida para minimizar el estrés.

105 Aprende a decir que no a las cosas que no quieres en tu vida. Tú no quieres ni necesitas el trastorno de pánico en tu vida, así que ejercita tu derecho a escoger y di no a la ansiedad y al pánico.

106 Ten compasión por todo lo que has tenido que resistir. Hay una persona muy fuerte en tu interior que te está ayudando a vivir con el trastorno de pánico.

107 Escribe todas las cosas maravillosas que sepas de ti misma. Date cuenta de que el trastorno de ansiedad no lo es todo de ti; es sólo un aspecto de tu vida.

¿Están todos los demás un paso por delante de mí o estoy un paso por detrás de todos ellos? Quiero llorar, gritar. Siento como mi mundo interior está siendo arrastrado hacia una competición de tiro de cuerda. La agorafobia por un lado y otros aspectos de mí, tirando del otro. Me digo a mí misma que sólo tengo que poner un pie delante del otro —¡funciona! Y aun así me enfrento a otras vacaciones familiares en las que probablemente me quedaré en casa. Prisionera de mi propia mente. He estado abriendo la ventana y tuve mucho éxito. Sencillamente ya no lo sé, pienso que tal vez me siento preparada para Isla Catalina. Les dije que era el mejor sitio al que ir —la cosa más divertida que podíamos hacer. Supongo que al final prepararé té en mi triste fiesta.

Oigo voces en el exterior diciendo sencillamente ve…, seguramente te puedes abrir paso a empujones e ir. No entiendo por qué esto no funciona con el trastorno de pánico. Sólo sé que es verdad —esto no te ayuda a ir, no te ayuda a que salga bien.

Buenas reflexiones de terapeuta. Debería continuar la terapia durante un tiempo más.

Fragmento de diario, 20 de junio del 2000
Linda Manassee Buell

8 Consejos para la persona de apoyo

«Me sentí impotente, muy impotente.»

Debbie Osmond (esposa de Donny Osmond)
48 Hours, CBS Wordwide, 10 de Agosto de 2000

«Puedes ver el terror en su cara.»

Reuma Campbell (esposa de Earl Campbell)
Rush of Fear, People Magazine, 4 de noviembre de 1991

«Para mí, las causas de un ataque de pánico no suelen tener sentido. Por eso he aprendido a dejar de buscarlas y empezar a ofrecer soluciones, no importa lo buenas que puedan ser mis intenciones. He visto que lo mejor que puedo hacer es sencillamente estar ahí, apoyarla y permitir que lo experimente. Sé que ella no es el «pánico». El trastorno de pánico de Linda puede afectar el modo en que escogemos algunas de las actividades que hacemos juntos, pero no hemos permitido que reduzca nuestra relación de amor o nuestro compromiso mutuo.»

Chuck Buell (esposo de Linda Manassee Buell)

Escribí esta sección porque tengo la suficiente suerte de tener el esposo que más apoyo da del mundo. El ha aguantado conmigo contra viento y marea. Él estuvo conmigo cuando dejé por completo de ir al cine, al teatro, a los deportes y a otros eventos. Él ha estado conmigo cuando en el último minuto he cancelado nuestras vacaciones o nuestros compromisos familiares. Él se ha adaptado yéndose de vacaciones con nuestros hijos o con su mejor amigo y viajando por su cuenta para estar con la familia durante las fechas señaladas. Y sabe lo importante que es para mí que llame y compruebe cómo estoy cuando se va durante periodos largos.

No puedo llegar a comprender la profunda frustración, la rabia y el dolor que le han causado estas cancelaciones y mi falta de participación. Del mismo modo, él nunca llegará a comprender del todo lo que significa padecer un trastorno de pánico. Pero los dos lo intentamos. Por ejemplo, sé que gran parte de su frustración es resultado de que se sienta indefenso. Él sabe que vivir con ansiedad y pánico puede ser a veces desalentador. Yo sé que más que nada desea no verme sufrir; que realmente querría ver desaparecer el pánico.

Soy una persona muy afortunada. Se preocupa lo suficiente para aprender cualquier cosa que le pueda enseñar, incluso cuando no tiene ningún sentido para él. Está dispuesto a aprender cómo me puede ayudar, lo cual en la mayoría de los casos no es más que saber que él está ahí. Él entiende que necesito llamarle cuando está lejos sólo para oír su voz.

El trastorno de pánico ha cambiado su vida tanto como la mía. Trabajo para intentar entender esto y permitirle sentir rabia, dolor y frustraciones. No puedo hacer desaparecer sus sentimientos, del mismo modo que él no puede hacer desparecer mi pánico. Aun así, puedo crear un espacio de seguridad en el que compartir los sentimientos sin que me sienta a la defensiva y le puedo proporcionar información para que comprenda mejor este trastorno. Continúo haciéndole saber las maneras en que me puede ayudar y el modo en que lo hace cuando tengo un ataque de pánico.

Las relaciones sanas se construyen a base de cantidades inmensas de comunicación abierta y honesta. Empieza a hablar y a compartir, no dejes de hablar y compartir, y sigue haciéndolo.

108 Aprende todo lo que puedas sobre el trastorno de pánico. Cuando lo hayas aprendido todo, sabrás que sólo tienes el 75% de comprensión sobre la ansiedad y el pánico.

109 Pídele a la persona que padece trastorno de pánico que comparta sus sentimientos. No sólo durante un ataque de pánico, también cuando las cosas están en calma. Luego averigua cómo es un ataque de pánico para ellos.

110 Sólo tienes que escuchar, no intentes resolver el pánico. Por mucho que lo quieras, no lo puedes arreglar o hacerlo desaparecer.

111 Descubre cómo puedes ayudar a una persona con trastorno de pánico durante un ataque de pánico. Puede que sólo sea el estar ahí o el dar un abrazo. Esto puede ser de más apoyo del que te puedas imaginar.

112 Deja que la persona con ataque de pánico organice alguna actividad que podáis hacer juntos.

Te sorprenderás del grado en que tienen ganas de intentarlo si pueden decidir en base a sus propios parámetros.

113 Reconoce las veces en las que una persona que sufre de ataque de pánico dice con sinceridad que quiere intentar avanzar o hacer actividades a pesar del pánico. Tu apoyo en este logro le puede alentar a intentarlo de nuevo.

114 Comprométete cuando puedas. Mantente abierto a cualquier ajuste que se pueda hacer con facilidad para que la salida sea más confortable y salga bien. Cambia la hora de una salida para evitar las horas de ajetreo, sube por las escaleras en vez de en ascensor, y realiza ajustes para otras actividades similares que sean incómodas para la persona con ansiedad.

115 Bajo ciertas circunstancias, cancela planes si es necesario. Cuando hayas tomado la decisión de cancelar, acepta la decisión y hazlo sin acusaciones o culpabilidad.

116 Comparte tus sentimientos como persona de apoyo. Una buena comunicación en ambas direcciones puede ayudar a recorrer un buen camino hacia la ayuda mutua en los momentos difíciles.

117 Vive tu propia vida. A veces, realizar actividades sin las personas que padecen trastorno de pánico, puede ser penoso para ellos. Sin embargo, el dar abrigo a cualquier resentimiento oculto sólo creará problemas adicionales.

118 Trabaja para que tu relación se centre en la persona que realmente conoces y amas. Entiende que están pasando por momentos difíciles, y cuídales del mismo modo que lo harías en otras circunstancias.

119 Búscate tu propio asesoramiento profesional. Vivir con alguien que padece cualquier tipo de trastorno saca a la luz tus propios problemas y emociones.

120 Alienta a la persona con trastorno de pánico a participar en un programa de exposición. Ofrece tu ayuda como compañero y persona de apoyo durante los duros estadios iniciales.

121 Sé buen compañero e intenta ofrecer seguridad. Estate dispuesto a ser amable pero también a ser firme. Alienta y conforta a la persona mientras se está concentrando en las tareas que tiene entre manos. Se trata de un rol específico que no puede ser realizado por cualquiera.

La libertad significa mi capacidad para trabajar con la energía del pánico. También el no tener miedo (dando energía) de las cosas que no podemos controlar.

El pánico, como dificultad en mi vida, está ahí para enseñarme, me hace trabajar con (y sobre) mi habilidad para tener paciencia y compasión conmigo misma.

Fragmento de diario, 28 de septiembre de 2001
Linda Manassee Buell

Y entonces...
llegaron las hormonas

A lo largo de los años he aprendido que hay numerosos factores que influyen en mi bienestar y en mi habilidad para estar tranquila y centrada. Éstos incluyen el dormir lo suficiente, comer alimentos sanos, realizar ejercicio con regularidad y minimizar el estrés. También he registrado mi ciclo hormonal durante años y he observado un incremento del nivel de ansiedad justo al comienzo de mi ciclo mensual.

Justo cuando pensaba que estaba superando todo esto, haciendo bien la exposición sistemática y desplazando la mayor parte de mi agorafobia, me desmoroné. Después de no padecer ningún ataque en casi 16 meses, empecé a experimentar múltiples ataques de pánico durante un periodo de 3 meses.

Incluso con el considerable conocimiento que tenía de mis necesidades corporales, hice un cambio como de la noche al día. Durante las tres semanas de una visita familiar no comí según un horario ni presté atención a mis elecciones en la comida. Presumí de hacer numerosas actividades que no había podido hacer en el pasado. Me quedé hasta tarde hablando con mi madre y me levanté temprano para ir a jugar al golf con mi hermana.

Ignoré el estrés que genera el estar viviendo con nueve personas en mi casa en vez de vivir sola con mi marido.

Sobreviví a la visita sin pánico, pero me di cuenta de lo exhausta que me había dejado. Aun así, me mantuve en este sendero de demanda de actividades incesantes y me fui a un viaje programado fuera de la ciudad. En parte, el viaje se había concebido como otro paso dentro de mi jerarquía de exposición. Sin embargo, lo que no pude prever fue la caravana de tres horas que se formó en la autopista debida a que un coche había volcado a algunas millas por delante de nosotros. Creo que estuve bastante orgullosa de mí misma por el hecho de no estar ansiosa mientras nos arrastramos a 5 millas por hora en dirección a nuestro destino.

El viaje fue bien hasta el segundo día. Me levanté sintiéndome físicamente fatal, todo mi cuerpo me dolía como si fuera a tener la gripe, y casi no pude salir de la cama. Sentí que se acercaba un ataque de pánico. Estaba a horas de mi casa y sin reservas y el viaje dejó de ser divertido, así que rápidamente nos dirigimos a casa. Pasé algunos días prácticamente en cama.

Hice un esfuerzo consciente por volver a mis rutinas. Me estaba recuperando pero entonces una nueva serie de ataques de pánico se sucedieron. Estaba confusa. Se supone que estaba haciendo lo que tenía que hacer. La pieza que no encajaba era que mis niveles hormonales estaban afectando a mis reservas, estaban produciendo un cambio en la dieta y en el sueño y en consecuencia en mi habilidad para manejar el estrés.

Por esas fechas ya era consciente de la conexión entre mi ansiedad y mi ciclo menstrual. Después de todo, le había seguido la pista y lo había registrado durante años. El problema era que no había tenido el periodo durante unos meses. De hecho, durante los 10 meses precedentes, no había experimentado ningún patrón regular de cambios hormonales. Mis ciclos oscilaban entre los 17 y los 113 días. ¿Os preguntáis si pienso que esto tenía un impacto en mi ansiedad, en mi trastorno de pánico y en los desastres que lo acompañaban? ¡Estoy segura de ello!

Desafortunadamente, no ha habido demasiada investigación científica específica en cuanto a la relación entre el trastorno de pánico y los cambios hormonales en la mujer. Sin embargo, según el libro de Dr. Christiane Northrup *La sabiduría de la menopausia*, «hay amplia evidencia científica de los cambios cerebrales que se inician con la perimenopausia.» Continua diciendo: «Diferencias relativas en los niveles de estrógenos y progesterona afectan al lóbulo temporal y las áreas límbicas de nuestro cerebro, y podemos sentirnos irritables, ansiosos o emocionalmente volubles».

Ahora coge esos cambios cerebrales y ponlos en una persona con ansiedad o trastorno de pánico. ¿Con qué te encuentras? ¡Conmigo!

Lo que sugiero y recomiendo (del mismo modo que a cualquier persona con trastorno de pánico) es que conozcas tu propio cuerpo. Lee sobre los cambios hormonales y fíjate en qué puede ser aplicado a tu caso. Pregúntale a la persona que está a cargo de tu salud sobre las opciones que tienes teniendo en cuenta todo lo que sabes sobre ti misma y sobre estos cambios hormonales. Lo que se me recomendó a mí, por ejemplo, fueron remedios hormonales naturales, luego terapia de reposición hormonal, y por último tomar la píldora anticonceptiva. Del mismo modo que yo tomé mi propia decisión sobre cuál de estas opciones seguir, tú tienes que decidir qué es lo mejor para ti.

Hay muchos factores a considerar y es importante que encuentres a alguien que te haga un tratamiento global, y no que se ocupe únicamente de tu perimenopausia o menopausia. Necesitas a alguien que te ayude a manejar los cambios y a que realices un ajuste acorde con tu cuerpo, y que además entienda de ansiedad y pánico. Del mismo modo que hay algunos terapeutas que son rápidos al dar una respuesta en el tratamiento del pánico, algunos doctores tienen una respuesta estándar para el tratamiento de la perimenopausia, y la experiencia de pasar por ella es cualquier cosa menos algo estándar.

En estos momentos estoy pasando por la menopausia. Probablemente, los expertos habrán desarrollado mejores soluciones y respuestas para las personas que sufren de pánico, incluyendo algunas aproximaciones específicas para aquellas personas que están pasando por la perimenopausia. Por tanto (como siempre) será cosa tuya y mía la búsqueda de opciones, hacer una relación de los profesionales en los que confiamos y llegar a nuestras propias conclusiones y respuestas.

¿Qué es
un ataque de pánico?

«Creo que lo más importante a afrontar en las reacciones de ansiedad y pánico es tu pensamiento. Éste debería respaldarse en lo siguiente «¡Todo va bien! No estoy en peligro. Esta sensación de pánico sólo significa que estoy siendo estimulado por algo. Recuerda, todavía estoy vivo y me he mantenido vivo en todas las experiencias previas, a pesar de tener miedo a morir o de volverme loco.»

Young Hee Choi
Profesor Asociado de Psychiatría Hospital Paik de Seúl,
Universidad de Inje (Corea del Sur)

El ataque de pánico ocurre cuando en ausencia de cualquier peligro real, se produce de forma repentina e intensa, un gran temor o ansiedad, o bien una sensación de muerte inminente. El ataque alcanza con rapidez su nivel máximo, en general dentro de los 10 primeros minutos.

La Asociación Americana de Psiquiatría, en su *Manual diagnóstico y estadístico de los Trastornos Mentales,* cuarta edición, texto revisado, afirma lo siguiente:

El ataque de pánico se acompaña de cuatro o más de las siguientes sensaciones físicas o síntomas psicológicos:

1. Palpitaciones, sacudidas del corazón o elevación de la frecuencia cardiaca
2. Sudoración
3. Temblores o sacudidas
4. Sensación de ahogo o falta de aliento
5. Sensación de atragantarse
6. Opresión o malestar torácico
7. Náuseas o molestias abdominales
8. Inestabilidad, y sensación de mareo o desmayo
9. Desrealización (sensación de irrealidad) o despersonalización (estar separado de uno mismo)
10. Miedo a perder el control o volverse loco
11. Miedo a morir
12. Parestesias (sensación de entumecimiento u hormigueo)
13. Escalofríos o sofocaciones[1]

Elke Zuercher-White, afirma en su libro, *An End to Panic: Breakthrough Thecniques for Overcoming Panic Disorder*, que «otras personas experimentan sensaciones tales como inmediata diarrea, dolor de cabeza instantáneo, intensa debilidad o rigidez en las piernas o visión borrosa. La investigación sobre los síntomas de pánico sugiere que hay tres síntomas particularmente comunes: las palpitaciones, la inestabilidad y la sensación de sofoco. A medida que el trastorno se mantiene a lo largo del tiempo, y no ocurre ninguna catástrofe física, el miedo a volverse loco o a perder el control se convierten en los miedos principales».

Cualquier síntoma físico que puedas experimentar sólo necesita de segundos. Estos síntomas son debidos a la liberación repentina de varios componentes químicos en tu cuerpo. Muchas personas experimentan un malestar físico tan intenso durante un ataque de pánico que piensan que están padeciendo un ataque de corazón o una apoplejía. Sin embargo, desde el momento en que se empieza a calmar tu cuerpo y tu mente, esas sustancias químicas que tu cuerpo ha liberado se empiezan a disipar. Cualquier sensación física que estés experimentando desaparecerá.

Y lo que es más importante, recuerda que aunque un ataque de pánico o incluso un elevado nivel de ansiedad es extremadamente desagradable, no es peligroso. Durante un ataque de pánico tienes un gran control, y no harás ninguna locura, aunque te parezca lo contrario. Las personas no sólo son capaces de funcionar durante un ataque de pánico, sino que realmente lo hacen.

El pánico es un trastorno tratable e identificarlo precozmente puede ayudar significativamente a reducir futuras complicaciones. Además, un ataque de pánico no provocará que pierdas tu salud o que tengas un colapso nervioso. No significa que te estés volviendo loco.

¡Date a ti mismo el regalo de encontrar la ayuda
y el apoyo que necesitas en estos momentos!

1. Impreso con el permiso del *Manual diagnóstico y estadístico de los trastornos mentales*, cuarta edición, texto revisado. Copyright 2000. Asociación Americana de Psiquiatría.

Referencias bibliográficas

BALCH, Phyllis A.; JAMES, B.; BALCH, M.D. *Prescription for Nutritional Healing*, Avery Penguin Putnam, Nueva York, 2000.

BEMIS, Judith. *Embracing the Fear: Learning to Manage Anxiety and Panic Attacks*, Hazelden Information Education, Center City, MN, 1994.

BOURNE, Edmund J. *Beyond Anxiety and Phobia: A Step-By-Step Guide to Lifetime Recovery*, New Harbinger, Oakland, 2001.

CAMPBELL, Earl (ed.); RUANE, John; CAMPBELL, Earline, *The Earl Campbell Story: A Football Great's Battle With Panic Disorder*, ECW Press, Toronto, 1999.

DESMAISONS, Kathleen; B. PERT, Candace. *Potatoes Not Prozac*, Simon & Schuster, Nueva York, 1999.

EASWARAN, Eknath. *Meditación: ocho puntos para transformar la vida*, Herder, Barcelona, 1995.

FENIGER, Mani. *Journey from Anxiety to Freedom: Moving Beyond Panic and Phobias and Learning to Trust Yourself*, Prima Publishing, Roseville, 1999.

FREEMAN, Lynne. *Panic Free: Eliminate Anxiety/Panic Attacks Without Drugs and Take Control of Your Life*, Arden Books, Sherman Oaks, 1999.

JEAN-MURAT, Carolle. *Menopause Made Easy: How to Make the Right Decisions for the Rest of Your Life,* Hay House, Carlsbad, 1999.

JEFFERS, Susan. *Aunque tenga miedo, hágalo igual.* Ediciones Robinbook, Teià, 1994.

KABAT-ZINN, Jon. *Cómo asumir su propia identidad,* Plaza y Janés, Barcelona, 1995.

LANKA, L. Darlene; HUSTON, James E.; JOVANOVIC, Lois. *Perimenopause: Changes in Women's Health Alter 35,* New Harbinger Publications, Oakland, 2001.

LEVINSON, Harold N.; CARTER, Steven. *Phobia Free: A Medical Breakthrough Linking 90% of All Phobias & Panic Attacks to a Hidden Physical Problem,* Fine Communications, Nueva York, 1999.

NORTHRUP, Christiane. *La sabiduría de la menopausia,* Urano, Barcelona, 2002.

OSMOND, Donny; ROMANOWSKI, Patricia. *Life is Just What You Make It: My Life So Far,* Hyperion, Nueva York, 2000.

RICHMAN, Linda. *I'd Rather Laugh: How to Be Happy Even When Life Has Other Plans for You,* Warner Books, Nueva York, 2001.

ROSS, Jerilyn (presidenta de la Anxiety Disorders Association of America). *Triumph Over Fear,* Bantam Books, Nueva York, 1994.

STEIN, Murray B.; WALKER, John R. *Triumph Over Shyness: Conquering Shyness & Social Anxiety,* McGraw-Hill, Nueva York, 2001.

ZUERCHER-WHITE, Elke. *An End to Panic: Breakthrough Techniques for Overcoming Panic Disorder,* Second Edition, New Harbinger, Oakland, 1998.

—. *The Anxiety and Phobia Workbook, Third Edition,* New Harbinger, Oakland, 2000.

Otras fuentes de información

En español

Fundación Amor a la Vida
Carrera 6 No 16-22 Oficina 204B Centro Los Arcos-
Pereira, Risaralda, Colombia
Telfs.: (6)3255360-(6)3330969. Celulares: 3108242778 y
3006110899
http://www.fundamor.org.co

Asociación Española de Psicología Conductual
Av. Madrid, s/n. Edificio Eurobecquer (bajo) 18012
Granada (España)
Teléfono: 95 827 34 67 / 600 47 00 48 / Fax: 95 82 90 53
Correo-e: info@aepc.es
http://www.aepc.es/index2.html

Instituto de Migraciones y Servicios Sociales (IMSERSO)
Avda. Ilustración s/n., con vta. A c/ Ginzo de Limia 58
28029 Madrid. Telf.: 91 363 88 88 / Fax: 91 363 88 80
Correo-e: buzon.imserso@mtas.es
http://www.seg-social.es/imserso/docs/i0_datos.html

Sociedad Española para el Estudio de la Ansiedad y el Estrés
Facultad de Psicología. Universidad Complutense de Madrid
Buzón 23. Campus de Somosaguas. 28223 Madrid
Despacho 1119. Telf. 91 394 31 11. Fax: 91 394 31 89.
Correo-e: seas@psi.ucm.es
http://www.ucm.es/info/seas

Asociación Madrileña de Pánico y Agorafobia (AMADAG)
Telf.: 617837930 (Rubén Casado, equipo de psicólogos)
http://es.geocities.com/rubencas2000/agoraprincipal.htm

Asociación Catalana de Trastornos de Ansiedad
http://www.terra.es/personal/aadabcn/
Telf.: 93 430 12 90
aadabcn@suport.org

Asociación Española de Psicoterapia
Contacto: Telf.: 902 10 52 10 Fax 91 554 89 95.
Correo-e: psy@terra.es
http://www.psicoter.es

SuPsicólogo.com
http://www.supsicologo.com/default2.asp

National Alliance for the Mentally Ill
Colonial Place Three
2107 Wilson Boulevard, Suite 300
Arlington, VA 22201-3042
Toll Free Help Line (800)950-NAMI (6264)
Front Desk (703)524-7600
Web en español:

http://www.nami.org/Content/NavigationMenu/Inform
_Yourself/NAMI_en_espaol/NAMI_en_espaol.htm

National Institute of Mental Health
NIMH Public Inquiries
6001 Executive Boulevard, Room 8184, MSC 9663
Bethesda, MD 20892-9663
(301) 443-4513
Web en español: http://www.nimh.nih.gov/publicat/spa-
nishpub.cfm

Freedom From Fear
308 Seaview Ave., Staten Island, New Cork 10305 USA
Telf.: (718)351-1717 / Fax: (718)980-5022 / correo-e:
contactfff@aol.com
Web en español:
http://www.freedomfromfear.com/informacion_en_espa
nol.asp?id=2

En inglés

Interactive Media Institute
6160 Cornerstone Court East, Suite 155
San Diego, CA 92121
(858)642-0267
bwiederhold@vrphobia.com
http://www.vrphobia.com/imi

National Mental Health Association
2001 N. Beauregard Street, 12th Floor
Alexandria, VA 22311
(800) 969-NMHA (6642)
http://www.nmha.org

National Mental Health Services
Knowledge Exchange Network
PO Box 42490
Washington, DC 20015
(800) 789-2647
«People with Psychiatric Disabilities, Employment and the Americans With Disabilities Act: Turning Policy into Practice.» Report Code: CS00-0011
«People with Psychiatric Disabilities and the Americans With Disabilities Act: A Hope Not Yet Fulfilled.» Report code: 00-0014
«Filing an Americans With Disabilities Employment Discrimination Charge, Making It Work for You.» Report code: SMA 00-3471

The Ross Center for Anxiety & Related Disorders
5225 Wisconsin Avenue, NW, Suite 400
Washington, DC 20015
(202) 363-1010
http://rosscenter.com

The Virtual Reality Medical Center
6160 Cornerstone Court East, Suite 155
San Diego, CA 92121
(858) 642-0267
(866) 822-VRMC
bwiederhold@vrphobia.com
http://www.vrphobia.com

1950 Sawtelle Boulevard, Suite 357
Los Angeles, CA 90025
(866) 822-VRMC
http://www.phobia.com

261 Hamilton
Palo Alto, CA 94301
(866) 822-VRMC
http://www.vrphobia.com

The Virtual Reality Self-Help Center
PO Box 1480
Poway, CA 92074
(866) 466-1010
http://www.vrselfhelp.com

Fuentes de información en inglés que se pueden encontrar por Internet

Agoraphobia and Panic Disorder Foundation
http://www.paniccure.com

Anxieties.com
http://anxieties.com

Anxiety Busters
http://www.anxietybusters.com

AnxietyCoach.com
http://www.anxietycoach.com

AnxietyPanic.com
http://www.anxietypanic.com

Anxiety Panic Internet Resource (TAPIR)
http://www.algy.com/anxiety/

Anxiety-Panic Resource Center
http://www.healingwell.com/anxiety

Anxiety-Panic-Stress.com
http://anxiety-panic-stress.com

The Anxiety Network International
http://www.anxietynetwork.com

The Bright Side
http://www.the-bright-side.org

Depression and Bipolar Support Alliance (DBSA)
http://www.dbsalliance.org/

ENcourage Connection
http://www.encourageconnection.com

The Hendricks Institute
http://www.hendricks.com

Internet Mental Health
http://www.mentalhealth.com/fr20.html

Mental Health InfoSource
http://www.mhsource.com

Mental Health Matters
http://www.mental-health-matters.com

Mental Help Net
http://mentalhelp.net

Obsessive-Compulsive Foundation, Inc.
http://www.ocfoundation.org

The Panic Center
http://paniccenter.net

Panic Support 4 U
http://www.panicsupport4u.com

Peer Support Network
http://www.anxietytofreedom.com

PsychiatryMatters.MD
http://www.psychiatrymatters.md

The Virtual Reality Self-Help Center
http://www.vrselfhelp.com

WebMD Health
http://www.webmd.com

WholeHealthMD.com
http://www.wholehealthmd.com

Fuentes de información en español que se pueden encontrar por Internet

La crisis de ansiedad, pánico o angustia
http://www.geocities.com/HotSprings/6333

Caminando libres
http://www.terra.es/personal/acm00000/home.htm

PAN-illo (Anillo contra el pánico y agorafobia)
http://www.geocities.com/HotSprings/6333/panillo.html

Pánico. Dr. José Antonio García Higuera
http://www.cop.es/colegiados/M-00451/Panico.htm

Ansiedad.org
Red Interhispana de los Trastornos de Ansiedad
http://www.iespana.es/trastornosansiedad/

La Red de la ansiedad (The Anxiety Network)
Web en español:
http://www.anxietynetwork.com/Spanish-index.html

Clínica de la ansiedad
http://www.clinicadeansiedad.com

Trastornos por ansiedad
http://www.cop.es/colegiados/S-02633/ANSIEDAD. html

Psicoplanet. Centro de asesoramiento de atención psicológica y psiquiátrica
http://www.psicoplanet.com/default.htm

The Nation's Voice on Mental Illness (NAMI)
http://www.nami.org/Template.cfm?Section=Helpline1
&Template=/ContentManagement/ContentDisplay.cfm
&ContentID=4057

Trastorno de ansiedad. Tipos
http://www.ondasalud.com/edicion/noticia/0,2458,
5169,00.html

Información sobre el Virtual Reality Self-Help Center Inc. (Centro de autoayuda de realidad virtual)

www.vrselfhelp.com

El Virtual Reality Self-Help Center es un centro basado en la ayuda por Internet para personas que quieran participar de forma activa en su propio bienestar y crecimiento personal. Se basa en el uso de nuevas tecnologías, en materiales educacionales y en variedad de programas. También proporciona herramientas de autoayuda que son útiles y sencillas de utilizar y que te pueden proporcionar una gran ayuda en tu vida cotidiana.

Su concepción surge de mi propia experiencia personal con el trastorno de pánico y agorafobia, además de mi deseo de ayudar y respaldar a otras personas en su propio camino de recuperación. Gracias a mi propia experiencia como ejecutiva de negocios y como consultora, además de la experiencia profesional en el área médica y de la salud de los cofundadores del centro, podrás encontrar diversas maneras de experimentar con la web del Centro de autoayuda de realidad virtual. En ella se incluyen:

- Clases por correo electrónico (recepción del contenido del curso y una variedad de actividades para el aprendizaje vía correo electrónico). Las instrucciones llegan diaria o semanalmente, dependiendo de las clases que has escogido.

- Clases por teléfono (una llamada telefónica te pone en contacto con un mundo de conocimientos e información sin el inconveniente del tiempo ni del gasto de viajar a un centro para asistir a clases). Llamas desde el confort de tu propia casa.

- Navega por la información que tenemos colgada en la red y lee uno o dos artículos, o

- Compra en nuestra tienda y adquiere cualquier libro, casete, material de trabajo u otro producto de nuestro numeroso material de autoayuda.

Y para mayor participación, puedes convertirte en miembro del vrselfhelp.com a un bajo precio. Esta opción está reservada para aquellas personas que se quieren comprometer a largo plazo de forma personal y directa con su propio conocimiento y crecimiento personal, y así constituir parte de la comunidad vrselfhelp.com.

Aprende, experimenta y disfruta de todo lo que te puede ofrecer nuestro modelo de trabajo y participación en el importante mundo del cuidado personal.

Linda MANASSEE BUELL
Presidenta y directora ejecutiva

info@vrselfhelp.com 001-866-466-1010

Acerca de la autora

Linda Manassee Buell, MCC, tiene un máster certificado como *coach*, un Master Mentor Coach y un Group Coaching Specialist. Es la fundadora y propietaria de Simplify Life (www.simplifylife.com), una empresa de *coaching* que ayuda profesionalmente a la gente a llevar a cabo la vida que realmente desea tener. Recientemente cofundó y fue nombrada presidenta del Virtual Reality Self-Help Center (www.vrselfhelp.com), un centro que utiliza las nuevas tecnologías, materiales educacionales y variedad de programas de ayuda para personas que quieran ser participantes activos en su propio bienestar mental.

Durante los últimos siete años, Linda ha entrenado personalmente a cientos de personas de forma individual y grupal en distintas zonas de Estados Unidos, así como en Inglaterra, Israel y Japón, ayudándoles a emprender sus propios negocios, a definir sus aspiraciones profesionales y a simplificar sus vidas. Linda también es la exitosa autora de una serie de libros y casetes de Simplify Your Life. En el pasado trabajó durante diecisiete años en la alta dirección de una de las 500 compañías más importantes del país. A lo largo de los últimos diez años ha sido interlocutora y contertulia de programas mediáticos y a menudo es entrevistada y citada por periódicos nacionales, televisiones y radios tales como *Woman's Day*, *Aspire*, *Executive Female*, ABC, como experta en el campo de la simplificación de la vida.

Linda experimentó su primer ataque de pánico en el verano de 1992 y no supo que padecía trastorno de pánico con agorafobia hasta 1994, momento en que su terapeuta le informó de su diagnóstico. Poco después participó en un programa grupal de doce semanas de terapia cognitivo-conductual. Años más tarde, después de dejar su trabajo corporativo y reinstalarse en otras dos ciudades, descubrió que su agorafobia estaba aumentando y abarcaba cada vez mayores porciones de su vida. Entonces descubrió los beneficios de la realidad virtual en combinación con las técnicas tradicionales de la terapia cognitivo-conductual en el Virtual Reality Self-Help Center de San Diego. Hoy en día, gracias a una buena nutrición, a la meditación, el yoga y el ejercicio continuo de la exposición sistemática, está viviendo con éxito la vida que realmente quería vivir. Linda se autodenomina a sí misma una agorafóbica recuperada, y disfruta de la vida en el área de San Diego junto con su marido Chuck.

«La afirmación de que somos capaces de vivir y crear la vida que en general hemos soñado, es una auténtica realidad. Para mí esta verdad es sólida y evidente, ya que en la actualidad estoy viviendo mi sueño de vida. Ayudar a otros a encontrar y vivir los suyos es el motivo por el que creé mi negocio, Simplify Life y el Virtual Reality Self-Help Center.

Linda Manassee Buell

Los expertos y la crítica han dicho:

«La gente que padece ansiedad, tiende a pensar demasiado. Este libro contiene afirmaciones de gran ayuda que contribuyen a detener los pensamientos excesivos y le permiten a uno vivir con mayor plenitud y confort los momentos presentes.»

James SPIRA
Director del Institut for Health Psychology, Solana Beach, CA.

«En base a mi experiencia personal con un trastorno de ansiedad, descubrí en el libro de Linda la información práctica y tranquilizadora que estuve buscado durante un largo periodo de tiempo. Nadie puede llegar a tener una comprensión real de lo que es un trastorno de ansiedad sin tener un conocimiento directo del mismo. La autora habla desde el corazón, y muchos de los profesionales de la salud mental con los que ha hablado, no tienen este nivel de comprensión.»

J.L., Scottsdale

«Mi opinión como psicoterapeuta es que para aquellos que sufren trastornos de ansiedad y pánico y los demás no les comprenden, los 121 consejos y recomendaciones para la vida real son un gran regalo. Como fundadora de la Cherubim Foundation, una organización que aborda el pánico y la ansiedad que se genera cuando alguien es diagnosticado de cáncer, este libro ofrece muchas herramientas útiles que tanto los pacientes como sus familias pueden utilizar para tratar con el estrés que surge cuando se conoce el diagnóstico.»

Janet LAUREL
Fundadora de la Cherubim Foundation.

«He leído otros libros, pero finalmente tomé lo que necesitaba del formato de los 121 consejos, los cuales sí explican cómo calmar mi trastorno de ansiedad. Ahora me siento menos sola y avergonzada. Algunos de los consejos que ofrece Linda los pude leer a aquellos familiares y amigos que sencillamente me decían que me "animara". Linda nos abre su corazón en dos de sus breves anécdotas sobre su curación, y ahora ayuda a otros con su actividad como asesora psicológica.»

L.H., La Mesa

«El libro pone mucho énfasis en la implicación individual que deben tener los pacientes en su propio cuidado y en su continua recuperación y mejora.»

Mark D. WIEDERHOLD
Presidente del Virtual Reality Medical Center

«Sinceramente, no sabes cuánto valoro el haber leído tus 121 consejos. ¡¡¡Gracias por ello!!! No he conocido a nadie como yo en esta ciudad y a veces me siento muy triste. Quería escribir a alguien tan compasivo como tú... Creo que tú me entiendes de verdad.»

Carolina Jane COOKE, Panamá

«Aplaudo a Linda por compartir de manera tan alentadora, compasiva y comprensible, su experiencia personal y los conocimientos surgidos de su convivencia con la ansiedad y el pánico. Su libro está escrito desde la rara perspectiva de alguien que conoce de primera mano la confusión, el miedo y las frustraciones de los que sufren ataques de pánico. Todo el que esté intentando encontrar el camino en ese espantoso mundo, debería leer este libro. Para aquellos que cumplan la función de ayudar y respaldar a los que padecen el problema, este libro es un modo rápido y fácil de adquirir una gran sensibilidad hacia las personas que padecen experiencias de ansiedad, al mismo tiempo que les instruye sobre el mejor modo de dar una ayuda eficaz.»

Sandy VILAS
CEO, *Coach U, A Worldwide Coach Training School*

«Acabo de leer tu libro sobre los trastornos de ansiedad y pánico. Lo he disfrutado mucho. De los muchos libros que he leído, éste da en el clavo. Yo soy fóbico con un punto de agorafobia. Es fácil de leer y puede ser usado como libro de bolsillo cuando uno está teniendo un mal día y tiene que recordar ciertas cosas. También me ha gustado la parte dirigida a las personas de apoyo que hay en nuestras vidas. Cuando leí este libro decidí investigar por mí mismo más cosas sobre el sistema nervioso y así entender mejor mi condición.»

E.C., San Diego

«Para los muchos compañeros que andan buscando respuestas honestas a su trastorno de ansiedad y pánico, éste es un libro sencillo pero a la vez extremadamente valioso. Gracias, Linda, por el coraje de darnos este profundo mensaje de esperanza.»

Gayle SOVINEE, Holistic Symmetry.

«Creo que *Superar la ansiedad y el pánico* es el tipo de libro que siempre tienes a tu lado y al que vuelves con frecuencia, especialmente en momentos de estrés, ya que es un compendio de pensamientos, estrategias y técnicas que ofrecen respaldo y ánimo cuando las necesitas.»

Susan ERSKINE, San Diego, CA

«Este libro es práctico y fácil de leer y es una excepcional fuente de información que pueden utilizar los asesores psicológicos con sus clientes. Además, estas recomendaciones son excelentes para clientes que quieren manejar mejor su ansiedad, aunque no tengan ataques de pánico. Y como *coach* que soy, este libro me permitió apren-der de forma fácil y rápida a dar una ayuda más eficaz a aquellos clientes que están intentando manejar su ansiedad.»

Val WILLIAMS
Coach e Instructor de Coaching

«Todos estos consejos me han ayudado mucho.»

K.P.C., San Diego

«No sabes cuánto aprecio tu libro y cuánto lo he disfrutado, Linda. Es un libro interesante, educativo y que da mucha esperanza y coraje. Además, me gustó el efecto de calma que tuvo en mí a medida que lo iba leyendo. También me di cuenta de que es un libro que profundiza y educa en cuanto a los trastornos de ansiedad y pánico, y que ofrece técnicas muy útiles para la gente en general.»

Ronda SCHIER, Rapid City

«La adquisición de *Trastorno de Ansiedad y Pánico. 121 consejos, recomendaciones para la vida real, bibliografía y otros aspectos,* me ofreció una perspectiva realista y sosegada de los libros de auto-ayuda. Las recomendaciones de Linda, a la vez que señalan aspectos individuales de la ansiedad, se dirigen en realidad a lo más simple, a lo más básico, a los pasos que hay que dar en cada momento para sobrevivir con éxito a cualquier conflicto interior. Su guía es sincera y a la vez profunda. Linda Manassee Buell ha escrito este libro partiendo de la situación personal y de la compasión de alguien que ha vivido en la cueva del miedo, y que finalmente ha sabido triunfar encontrando la luz.»

Diane DUNCAN, Pioneer

«El libro de Linda me permitió empatizar con las batallas y preocupaciones diarias de la gente diagnosticada de trastorno de pánico.»

Barbara GREEN, Denver

«Ésta es una importante contribución a los libros que ya existen sobre la materia. Está escrito por una voz directa y compasiva que alienta el autoconocimiento y que ofrece una gran ayuda a aquellos que tienen alguna implicación con el trastorno. En mi caso no padezco el trastorno, aunque sí lo sufren muchas personas cercanas a mí. Para aquellos de nosotros que tienen que aprender a tratar con una persona querida que padece un trastorno de ansiedad o pánico, este libro es una inmensa ayuda. También proporciona una excelente herramienta para comenzar a hablar sobre el problema con la persona querida. Por último, he tenido la oportunidad de conocer a la autora y de hablar con ella sobre el tema, pudiendo comprobar que es una cuestión sobre la que está sensibilizada, que le apasiona y que tiene muchos conocimientos.»

Andrew CHAPMAN
Conferenciante y autor de *Self-Publishing for Successful Fundraising*

«Le hemos pasado ejemplares de tu libro a dos amigos que tienen algún tipo de trastorno de pánico y lo han valorado mucho. Es una información útil para sus familias y también para las personas de apoyo. Nosotros sólo estábamos interesados en leer el libro para aprender más sobre el tema. Después de regalar nuestros dos libros, tuvimos que comprar otro ejemplar para nuestra biblioteca particular. Es una referencia de gran ayuda. Gracias.»

Donna PETERSEN, Stockton

Índice